TOP CHISTES

Papel certificado por el Forest Stewardship Council®

MIXTO
Papel procedente de fuentes responsables
FSC® C117695
FSC
www.fsc.org

Primera edición: mayo de 2019

Diseño de cubierta: Penguin Random House Grupo Editorial / Paola Timonet

Printed in Spain – Impreso en España

ISBN: 978-84-17424-65-7
Depósito legal: B-7.667-2019

Compuesto en Infillibres, S. L.

Impreso en Gómez Aparicio S. A.
Madrid

BL 2 4 6 5 7

Penguin Random House Grupo Editorial

GEMA MORALEDA

TOP CHISTES
En familia

ILUSTRACIONES DE MARTA BIEL

blok
B DE BLOK

Índice

MAMÁ Y PAPÁ

Mamá y papá lo saben todo y lo solucionan todo o, al menos, lo intentan.

—Mamá, por favor, déjame quedarme en casa... ¡hoy no quiero ir al colegio!

—Vamos a ver, hijo, tienes que ir al colegio. Piensa que allí te encontrarás con todos tus compañeros.

—Ya, pero no quiero ir, ¡mis compañeros me caen mal!

—Bueno, pero es que es tu obligación.

—Ya... pero me encuentro mal...

—Mira, Manolo, ya está bien. Vas a ir al colegio por dos motivos: ¡el primero, porque tienes cuarenta años y el segundo, porque eres el director!

PARA PAPÁAAAAA

—¿Sabías que Beethoven le dedicó la Quinta sinfonía a su padre?

—¿ Ah, sí? ¿Y cómo lo sabes?

—No hay más que oír el comienzo: «Para papáaaaaa...».

ooo

Un padre le dice a su hijo:

—Me ha dicho un pajarito que no has aprobado ni una.

—¡Mamáaaa! ¡Que dice papá que habla con los pájaros!

ooo

—¡Niños! ¡No juguéis con fuego!

Y fuego se quedó sin amigos.

ooo

Dos madres en la puerta del colegio:

—¿Y cómo se llama tu hija?

—Cuétara, ¿y la tuya?

—María.

—Anda, qué gracioso, ¡como las galletas!

ooo

MELOCOTÓN EN ALMÍBAR

Un niño le dice a otro:

—Mi madre es tan guay que se ha comprado un loro que dice «hola».

—¡Buah! Eso no es nada, la mía mola tanto que se ha comprado una lata que dice «melocotón en almíbar».

ooo

Una niña le dice a su madre:

—Pues íbamos yo y Nacho...

—No, hija, íbamos Nacho y yo.

—No, mamá, tú no ibas.

ooo

—Hoy he soñado que ganaba quinientos millones como mi padre.

—¿Tu padre gana quinientos millones?

—No, también lo sueña.

ooo

Dicen que el jazz lo inventaron un padre y su hijo, que se llamaba Pachín, en una estación de tren. Al ver acercarse la máquina a lo lejos, preguntó el hijo:

—¿Parará, papá, parará?

Y respondió el padre:

—Parará, Pachín, parará.

ooo

Unos padres se encuentran a su hijo en el salón leyendo un libro titulado: *Cómo educar a vuestro hijo*. Sorprendidos le preguntan:

—¿Por qué estás leyendo ese libro, hijo?

—Para ver si lo estáis haciendo bien.

ooo

—¡Hijo! ¡Entra dentro de casa, que está lloviendo!

—Gracias por avisarme, mamá, pero aquí fuera también llueve.

ooo

—Papá, cuando sea mayor quiero ser como tú.

—¿Por qué, hijo mío?

—¡Para tener un hijo como yo!

ooo

—Va, hijo mío, ve a ducharte que hoy va a venir tu tía.

—Sí, hombre, y si luego no viene, ¿qué?

ooo

—Mamá, ¿sabes firmar con los ojos cerrados?

—Claro que sí, hijo.

—Pues ciérralos y fírmame las notas.

ooo

—Papá, papá en el colegio me llaman el despistado.

—¿Y a mí qué me importa, niño? Anda y vete a tu casa.

ooo

—Mamá, ¿puedo usar tu ordenador?

—Sí, hijo.

—Mamá, ¿qué significa «formateando el disco duro»?

ooo

BLA
BLA, BLA
BLA, BLA
BLA, BLA
...

Una maestra le dice a su alumno:

—Como no te calles, voy a tener que llamar a tu madre.

—Uy, pues prepárese, porque habla más que yo...

ooo

—Mamá, el profe me ha suspendido Geografía por no saber dónde estaba el océano Atlántico.

—¡Eso te pasa por ser tan desordenada!

ooo

—Disculpe, ¿puede ayudarme? Es que he perdido a mi hija...

—¿Y cómo se llama?

—Esperanza.

—¡Imposible! La esperanza es lo último que se pierde.

ooo

—Papá, en el colegio me dicen que tengo la boca grande.

—¡Qué sabrán ellos! Anda, ve a buscar la pala para tomar el jarabe.

ooo

—¡Mamá, me ha mordido una serpiente!

—¿Cobra?

—¡No, me ha mordido gratis!

ooo

—Papá, ¿es verdad que los padres siempre saben más que los hijos?

—Claro que sí, hijo.

—Papá, ¿quién inventó la bombilla?

—Edison.

—Y si tanto sabía, ¿por qué no la inventó su padre?

ooo

Un padre lleva a su hija a ver el campeonato de atletismo y ella le pregunta:

—Papá, pero ¿por qué corren?

—Porque al primero le dan una medalla.

—¿Y por qué corren los demás?

ooo

Un niño le explica a su padre:

—Papá, no es que no estudie, es que en el cole me siento en la última fila y cuando me llegan las notas las buenas ya se las han quedado los demás...

ooo

—Hijo, el año pasado te hiciste el propósito de aprobar todas las asignaturas y, en cambio, has suspendido cinco. ¿Me puedes decir qué propósito piensas hacerte para el año que viene?

—Pues, la verdad, papá es que mi propósito a partir de ahora es dejar de hacerme propósitos.

ooo

—Hijo, a dormir, que mañana es día de colegio.

—Siempre igual, mamá. Me mandas a dormir cuando no tengo sueño ¡y haces que me levante cuando tengo mucho!

ooo

—Hijo, ni se te ocurra ponerte a tocar el piano con esas manos tan sucias.

—¡Tranquila, mamá, que solo tocaré las teclas negras!

ooo

—Mamá, en el colegio me llaman chulo.

—¿Qué?

—¿Qué de qué?

ooo

Una niña le dice a otra:

—A veces creo que mi habitación es una iglesia.

—¿Y eso por qué?

—Pues porque cada vez que entra, mi madre empieza a decir: ¡Ay, Dios mío!

ooo

—Mamá, en el colegio me llaman interesado.

—¿Y eso por qué?

—Si me das 1 euro, te lo digo.

ooo

Un padre le dice a su hijo:

—Hijo, bájate del coche y ayúdame a aparcar. Dime si me doy con el coche de atrás.

El niño se baja y, al cabo de un momento se oye un golpe.

—¡Ahora le has dado, papá!

ooo

Una niña va casa de su amiga a buscarla para ir a la piscina.

Llama al timbre y abre el padre:

—Hola, vengo a buscar a Marta.

Y el padre contesta:

—Muy bien, pero ¿se lo has preguntado a su madre?

—Bueno, bueno su madre es muy simpática, pero yo prefiero ir a la piscina con Marta.

ooo

Un niño le dice a su madre:

—Te quiero, mami.

—Y yo a ti, hijo mío, pero díselo también a tu padre.

—Papi, quiero a mami.

ooo

Después de una reunión en el colegio con la tutora, le dice un padre a su hijo:

—Hijo, me ha dicho la maestra que eres el último de la clase.

—¿Y qué culpa tengo yo que el que había antes se haya cambiado de colegio?

ooo

Una niña le pregunta a otra:

—¿A qué se dedica tu madre?

—Es presidenta de una empresa de importación y exportación.

—¡Anda! Pues es un puesto muy importante.

—Importante y exportante, sí.

ooo

ZZ10

—Hijo, ¿no te cansas de dormir?
—¡Ay, papá, ni que durmiera corriendo!

ooo

—Mamá, si en el colegio me pusieran un diez, ¿me comprarías un tándem?
—Claro que sí, hija.
—Pues ya puedes comprarme una bici normal, que he sacado un cinco.

ooo

Un padre le cuenta un cuento a su hijo para que se duerma y se va al salón a ver la tele. Al cabo de un rato, aparece el niño en el salón:
—Hijo, pero ¿tú no estabas dormido?
—Es que se me ha pasado el efecto del cuento, papá.

ooo

Una madre les grita a sus hijos:
—¡Niños, no juguéis en la tierra!
Y se fueron a jugar a Marte.

ooo

Un padre sale con su hijo al jardín a mirar el cielo.

—Hijo, ¿tú crees que hay habitantes en la Luna?

—Claro que sí, papá, ¿no ves que tienen la luz encendida?

ooo

—Papá, hoy he sido la única persona capaz de responder a una pregunta de la maestra.

—Muy bien, hija, ¿y qué ha preguntado?

—«¿Quién ha puesto pegamento en mi silla?»

ooo

Una niña le dice a otra:

—A mi padre, en el trabajo, todo el mundo le mira con la boca abierta.

—Pues debe de ser muy bueno, ¿no?

—No, es dentista.

ooo

—¡Mamá, papá está cantando en la ducha!

—Bueno, ¿y qué problema hay, hija?

—¡Pues que ha metido también la guitarra!

ooo

Una madre tiene que salir un momento de casa y le dice a su hija:

—Sobre todo, cariño, mientras yo esté fuera no abras la puerta a nadie.

Al volver, se da cuenta de que se ha dejado las llaves y llama al timbre.

—Hija, soy mamá, ábreme, que me dejé las llaves.

—No puedo, mamá.

—¿Por qué no?

—¡Porque me dijiste que no abriera a nadie mientras tú estuvieras fuera!

ooo

—Mamá, me voy de caza.

—Pero ¡qué dices, hijo mío, si a ti te encantan los animales!

—No, mamá, que me voy pada ziempre.

ooo

SÚPER

—Mamá, en el colegio me llaman cegato.

—Ha elegido usted gasolina súper.

ooo

—Papá, en el colegio me han dado el premio García Lorca.

—¿Y eso qué es?

—Pues un edificio muy grande, lleno de niños.

ooo

—Mamá, ¿qué día nací yo?

—El 15 de abril, hijo.

—¡Anda, qué casualidad, el día de mi cumpleaños!

ooo

—¡Papá, me han dado las notas y tengo un 10!

—Ah, ¿sí? ¿Y cómo es eso?

—Pues mira, un 3 en mates, un 2 en inglés, un 3 en lengua y un 2 en historia.

ooo

—Mamá, mamá, en el cole me tiran migas de pan.

—No les hagas caso, Paloma.

ooo

Una niña le dice a otra:

—Oye, ¿en tu casa rezáis antes de comer?

—No, mi padre cocina muy bien.

ooo

—Hijo, ¿puedes bajar del coche y mirar si funcionan los intermitentes?

—Claro, mamá. Ahora sí, ahora no, ahora sí, ahora no...

ooo

Una niña le dice a otra:

—Mi madre para los coches con una sola mano.

—¡Hala! ¡Debe de ser muy fuerte!

—¡Qué va! ¡Es guardia urbana!

ooo

—Papá, ¿es verdad que antiguamente la gente pagaba en ovejas?

—Sí, hija.

—¿Y cómo las metían en el monedero?

ooo

Una madre ve a su hija llorando delante del fregadero lleno de agua.

—¿Por qué lloras, hija?

—Porque se me ha caído un cubito en el agua caliente ¡y ahora no lo encuentro!

ooo

—Papá, en la puerta hay unos extraterrestres que preguntan por ti.

—¿Y tú cómo sabes que son extraterrestres?

—Me han dicho que son del planeta Agostini.

ooo

—Mamá, los demás niños dicen que soy muy peludo.

—¡Manolo! ¡El perro está hablando!

ooo

Un mago hace subir a un niño al escenario para el siguiente truco y le pregunta.

—¿Verdad que no nos conocemos y no nos habíamos visto nunca?

Y el niño contesta:

—Verdad, papá.

ooo

—Hija mía, ¿tienes mocos?

—Do.

ooo

—Papá, ¿es verdad que las abejas hacen miel?

—Sí, hija.

—¿Y cómo cierran los frascos?

ooo

—Mamá, ¿es verdad que los peces grandes se comen a los pequeños?

—Sí, hijo.

—¿A las sardinas también?

—También, hijo.

—¿Y cómo abren las latas?

ooo

Una madre le está leyendo un cuento a su hija para que se duerma y, cuando ya lleva un rato, le dice la niña:

—Mamá, ¿falta mucho para el final? Es que tengo sueño...

ooo

Dos madres hablando:

—¿Qué tal le va a tu hija con las clases de violín?

—Pues le van a pagar los estudios para que vaya a acabarlos a Austria.

—¿Quién? ¿El gobierno?

—No, los vecinos.

ooo

—Papá, ¿me compras un diccionario para ir al colegio?

—¡No, hija, al colegio se va a pie!

ooo

Una niña le dice a otra:

—Mi padre trabaja en Santiago.

—Ah, ¿sí? ¿De qué?

—De Compostela.

ooo

Una madre le pregunta a otra:

—Oye, ¿hace mucho que tu hijo toca el violín?

—Hace ya seis años.

—¡Pues no se le nota nada!

ooo

—Papá, ¿dónde están los Pirineos?

—Y yo qué sé, pregúntale a tu madre que es la que ordena los armarios.

ooo

—¡Hijo, recoge tu habitación!

—No puedo, papá.

—¿Por qué? ¿Qué estás haciendo?

—¡Nada!

—¿Y tu hermana?

—¡Me ayuda!

ooo

—Papá, en el colegio me llaman detergente.

—Tú, ni caso, Ariel.

ooo

—Papá, ¿me compras un diccionario para ir al colegio?

—¡No, hija, al colegio se va a pie!

ooo

—Hijo, ¿sabes cómo estornuda un leñador?

—No, papá.

—¡Aaaaaachá!

ooo

5
EURO
5
2
EURO
2
EURO
2
EURO
1
EURO
2
EURO
!
20

—Mamá, ¿me das cinco euros?

—¡¿Cuatro euros?! Pero ¿se puede saber para qué quieres tú tres euros, si con dos ya tienes bastante? Anda, mira, toma un euro y me traes el cambio.

ooo

—Mamá, no me encuentro muy bien, creo que hoy no podré ir al colegio.

—Tranquilo, hijo, que hoy es domingo, no hay colegio.

—Ah, bueno, pues entonces ya me pondré malo mañana.

ooo

—Ay, hijo mío, ¿no te cansas de dormir?

—¿Cómo voy a cansarme si estoy durmiendo?

ooo

—Papá, hoy hemos ido de excursión con el cole a un hospital y nos han enseñado un corazón.

—¿Y latía?

—No, papá, la tía no estaba.

ooo

—Papá, ¿por qué antes la mayoría de los pintores famosos eran italianos?

—Porque habían nacido en Italia, ¡qué cosas tienes!

ooo

—Papá, hoy me he levantado con muchas ganas de estudiar.

—Muy bien, hijo, ¿y qué piensas hacer?

—Volver a meterme en la cama, a ver si se me pasa.

ooo

—Qué hija, ¿has aprendido hoy mucho en el cole?

—Pues no tanto, mamá, mañana tengo que volver.

ooo

Un padre ayuda a su hijo a hacer los deberes y, al día siguiente, al volver del colegio le pregunta:

—¿Qué tal ha ido?

—Pues regular, papá, no nos han puesto muy buena nota...

ooo

Una madre le pregunta a otra:

—Oye, ¿qué tal le van a tu hija las clases de natación?

—De momento, nada mal.

ooo

Un niño llega a casa muy pensativo y le pregunta a su padre:

—A ver, papá, si Dios nos da el pan nuestro de cada día, Papá Noel, los Reyes y el ratoncito Pérez, los juguetes, y las cigüeñas a los niños. ¿Qué hacéis exactamente mamá y tú?

ooo

30
25
20
15
10
5
90°

—Mamá, en mi habitación hace mucho frío.

—Pues ponte en el rincón.

—¿En el rincón, por qué?

—Porque tiene 90 grados.

ooo

Una profesora le pregunta a su alumno:

—A ver, Juan, ¿en qué se convirtió el príncipe Leopoldo cuando se murió su padre?

—En huérfano.

ooo

—Mamá, ¿tú me castigarías por algo que no he hecho?

—Pues claro que no.

—Vale, porque no he hecho la cama.

ooo

—Papá, ¿puedo ver la tele?

—Claro que sí, pero ni se te ocurra encenderla.

ooo

—Mamá, cuando sea mayor quiero ser astronauta.

—Pues seguro que te va bien, hija, ¡siempre estás en la Luna!

ooo

—Papá, papá, tengo una noticia buena y una mala, ¿cuál quieres primero?

—La buena, hija.

—Que he sacado un 10 en inglés.

—¿Y la mala?

—¡Pues que es mentira!

ooo

Una madre llega a casa y la recibe su hijo, que la saluda efusivamente, le ayuda a quitarse la chaqueta y le dice:

—Tú tranquila, mamá, siéntate, que te traigo un té y el libro que te estás leyendo.

—A ver, hijo, déjate de tonterías y enséñame las notas.

ooo

—Hijo, ¿se puede saber qué haces con la mochila de sombrero?

—Es que me ha dicho la maestra que tengo que usar más la cabeza.

ooo

—Hijo mío, tus estudios me están saliendo carísimos.

—Pues mira que soy de los que menos estudia...

ooo

—Papá, hoy he jugado el mejor partido de fútbol de mi vida. ¡He marcado tres goles!

—Muy bien, ¿y cómo ha quedado el resultado?

—Dos a uno.

ooo

Va una niña sola por un museo y se acerca a un guardia:

—Perdone, señor, ¿ha visto por aquí a una señora sin una niña como yo?

ooo

—Mamá, ¿por qué cortas las cebollas si después te da pena y lloras?

ooo

Una madre le dice a su hijo:

—Hijo mío, cada vez que te portas mal me sale una cana.

Y el niño le responde:

—¡Uf! Pues tú debías de ser malísima, porque la abuela tiene todo el pelo blanco...

ooo

—¿Diga?

—Buenos días, llamo para decir que el alumno Juan Díaz no va a poder ir hoy al colegio.

—Muy bien, ¿y con quién hablo?

—Con mi padre.

ooo

—Mamá, ¡soy el más alto y el más listo de clase!

—Pues claro, hijo, eres el profesor...

ooo

OXÍGENO

Una médica va a hablar con una mujer que acaba de dar a luz:

—Señora, su hijo está bien, pero le hemos tenido que poner oxígeno.

—¡Ay, qué pena! ¡Yo que quería ponerle Manuel!

ooo

—¿A que no sabes qué, papá? Hoy había más de doscientas mil personas en el desfile de Carnaval.

—Mira, hijo, te he dicho dos mil millones de veces que no seas exagerado.

ooo

—¡Papá, me he cortado el dedo!

—Pues ponte una tirita.

—¡Es que no lo encuentro!

ooo

—Mamá, hoy no voy a volver a casa.

—¿Y eso por qué hijo mío?

—Porque no voy a salir.

ooo

—Mamá, no entiendo por qué te quejas de mi higiene. Los lunes me lavo las manos, los martes las axilas, los miércoles los pies, los jueves el pelo, los viernes la espalda y los sábados los dientes.

—¿Y los domingos?

—¡Los domingos cambio el agua!

ooo

—Papá, ¿qué está más lejos, la Luna o Nueva York?

—A ver, hija, mira por la ventana. ¿Puedes ver la Luna?

—Sí.

—¿Y Nueva York?

—No.

—Pues ahí lo tienes.

ooo

—Mamá, ¿te has fijado que son las tres de la madrugada y hoy no te he despertado para que me trajeras un vaso de agua?

ooo

= 0

—Hija mía, te he dicho que te pusieras a hacer los deberes, no que te comieras todas las galletas.

—Es que estaba practicando las restas...

ooo

Un padre y su hija están de noche en el jardín mirando el cielo y el padre le explica:

—Mira, hija, ¿ves las estrellas? Pues están a miles de años luz de la Tierra. Eso quiere decir, que esa luz que ves ha tardado miles de años en llegar hasta nosotros.

La niña se queda pensativa y, al cabo de un rato exclama.

—¡Y mamá se enfada conmigo cuando me retraso 5 minutos al volver del cole!

ooo

Una madre le pregunta a otra:

—Oye, ¿y tu hijo tartamudea siempre?

—No, solo cuando habla.

ooo

Un niño va en bicicleta y le dice a su madre:

—¡Mira, mamá, sin manos!

Al cabo de un rato, le dice:

—¡Mira, mamá, sin piernas!

Entonces, la bicicleta choca con un árbol y el niño sale despedido. Cuando se acerca corriendo su madre, él se levanta y le dice:

—¡Mida, mamá, zin dientez!

ooo

Un niño está jugando dentro de casa con la pelota y rompe una figura de porcelana. Su padre, muy enfadado, le dice:

—¡Hijo, esa figura tenía más de cien años!

—¡Uf, menos mal! Pensaba que era nueva.

ooo

—Mamá, mamá se me ha terminado el champú.

—No pasa nada, hijo, usa del mío.

—Pero es que no puedo.

—¿Por qué?

—Pues porque aquí pone que es para cabello seco y yo ya me lo he mojado.

ooo

Una niña llega a casa después de una excursión de pesca con su padre con un chichón enorme en la frente. Asustada, la madre le pregunta:

—Pero, hija mía, ¿qué ha pasado?

—Nada, mamá, un mosquito...

—¿Te ha picado un mosquito?

—No, no ha podido, papá lo mató antes con el remo.

ooo

—A ver, hijo, si yo te he dicho que te comieras una galleta, ¿por qué te has comido dos?

—Porque quería obedecerte dos veces, mamá.

ooo

Un niño le dice a su amigo:

—Al final hoy no podré ir al cine contigo.

—¿Y eso por qué?

—Es que mi madre me ha castigado porque dice que no le presto atención o algo así, tampoco estoy muy seguro.

ooo

ENTRE HERMANOS

Tener hermanos es maravilloso (o no).

Una niña le cuenta a una amiga:

—Ayer nació mi hermanito.

—Ah, ¿sí? ¿Y cómo se llama?

—Pues no sé, porque todavía no habla...

ooo

Un niño le dice a su hermana:

—Hermanita, ¿me haces un favor?

—Dime.

—¿Me cambias esta moneda de un euro por quince monedas de diez céntimos?

—Querrás decir por diez.

—Sí, hombre, entonces, ¿dónde está el favor?

ooo

Una madre le dice a su hijo:

—Cariño, por favor, ¿podrías cambiar a tu hermano?

—Claro que sí, mamá, ¿puede ser por una consola?

ooo

Un niño le dice a otro:

—Mi hermana no soporta que invadan su intimidad.

—¿Y tú cómo lo sabes?

—Lo dice en su diario.

ooo

Una niña entra en su habitación y se encuentra a su hermano delante del espejo con los ojos cerrados:

—¿Se puede saber qué haces?

—¡Quiero ver qué cara pongo cuando estoy dormido!

ooo

FAMILIA
3

Un niño le dice a otro:

—¡Mi hermano mayor tiene dieciocho años y levanta pesas de 50 kilos!

—¡Bah, eso no es nada! Mi hermano pequeño solo tiene tres meses y por las noches levanta a toda la familia.

ooo

Una niña le dice a otra:

—¿Sabes que mi hermana anda en bicicleta desde los cuatro años?

—¿Sííí? ¡Pues debe de estar bastante lejos!

ooo

Dos hermanos van por el bosque y uno va todo el rato chasqueando los dedos. Al cabo de un rato, el otro le pregunta.

—¿Se puede saber por qué haces eso todo el rato?

—Es para ahuyentar a los tigres.

—¡Pero si en España no hay tigres!

—¿Ves como funciona?

ooo

BLA, BLA
BLA, BLA
¡!
BLA,
...
¡!
BLA
12
13
B

Dos hermanos están en el cine cuchicheando cuando una señora que está sentada a su lado les dice:

—¡Niños, niños, por favor, que no se oye nada!

—¿Y a usted qué le importa? ¡Son cosas nuestras!

ooo

Se abre el telón y se ve a dos hermanos haciendo los deberes tranquilamente.

Se cierra el telón.

Se abre el telón y se ve a los mismos dos hermanos ordenando su cuarto.

Se cierra el telón.

Se abre el telón y se ve a los mismos dos hermanos barriendo el comedor y limpiando el polvo.

Se cierra el telón.

¿Cómo se llama la película?

¡Se ha estropeado el router!

ooo

Un niño llega a casa y ve una caja de bombones encima de la mesa. La abre y empieza a comérselos a toda velocidad, cuando está comiéndose el último entra su hermana.

—¿Te has comido todos los bombones tú solo? ¿Y no has pensado en mí?

—Claro que he pensado en ti, por eso me los he comido tan rápido.

ooo

Una niña le dice a una amiga:

—No sé qué regalarle a mi hermano por su cumpleaños.

—¿Por qué no le regalas un libro?

—No, es que ya tiene uno.

ooo

—Ven aquí, hijo. Me ha dicho tu hermana que le has llamado tonta. Ve y dile que lo sientes.

—Hermanita, siento que seas tan tonta.

ooo

Dos niños hablan de las tareas que tienen que hacer en casa:

—Yo me hago la cama, pongo la mesa, lavo los platos...

—¿Y tu hermana?

—No, mi hermana se lava sola.

ooo

Una madre le dice a su hijo:

—Es una pena que no te parezcas a tu hermana. A ella le encanta ir al colegio.

—Pero ¿cómo no me va a gustar ir al colegio, si he repetido cinco veces?

ooo

Un niño está llorando en el patio y se le acerca un amigo.

—¿Qué te pasa, por qué lloras?

—Es que mis padres me han dicho que voy a tener un hermanito nuevo.

—¡Pero eso está muy bien!

—No, qué va.

—El mes pasado mis padres se compraron un coche nuevo y cuando lo fueron a recoger ¡dejaron el viejo en la tienda!

ooo

Un niño está viendo la tele con su hermana y, de repente, se pone muy pensativo y dice:

—¿Has pensado alguna vez que si no se hubiera inventado la electricidad tendríamos que ver la tele con velas?

ooo

Una niña le dice a su hermano:

—¿Qué te parece si tú lavas los platos y yo los seco?

—Vale.

Cuando el hermano ha terminado de fregar, le dice ella:

—Mira, ¿sabes qué? Lo he pensado mejor. ¿Qué te parece si yo friego los platos y los secas tú?

ooo

Una niña entra en la habitación y se encuentra a su hermano pequeño sentado delante del ordenador con los ojos cerrados.

—¿Se puede saber qué haces?

—Es que Windows me ha dicho que cerrara las pestañas.

ooo

Un niño le dice a otro:

—Oye, ¿cómo se llama tu hermano?

—Se llama Miguel, pero, cuando estornuda, todos le llaman Jesús.

ooo

—Doctor, odio a mi hermana pequeña, odio a mi hermano pequeño y también odio a mi hermano mayor.

—Pues lo siento mucho, pero para qué me explica a mí todo esto.

—A ver, ¿este no es el médico del odio?

—No, del odio, no, ¡del oído!

ooo

Un padre le dice a su hija:

—He hablado con la cigüeña y el año que viene nos traerá un hermanito.

—Vale, papá. Pero ¿no deberías hablar también con mamá?

ooo

Un niño le pregunta a su hermana:

—¿Qué hora es?

—Las once.

—¡Pero si es tardísimo!

—¡Pues haber preguntado antes!

ooo

—¿Y qué le vas a regalar a tu hermanito por su cumpleaños?

—Aún no lo sé, pero el año pasado le regalé una gripe.

ooo

Una madre le dice a su hijo:

—Si ves a tu hermana, dile que venga.

—De acuerdo, mamá, ¿y si no la veo?

ooo

20

Dos hermanos se suben por primera vez a un tándem. Al cabo de un rato, el que va delante dice:

—Jolín, no pensaba que ir en tándem fuera tan cansado. ¡Estoy hecho polvo!

—Pues yo lo he pasado fatal. ¡Desde que hemos salido que voy frenando por miedo a chocarme contigo!

ooo

—¿Por qué no ha venido tu hermano al cole?

—Es que esta mañana tenía vértigos.

—Pero ¿vosotros no vivís en una planta baja?

ooo

Un niño le dice a su hermano:

—Cuando te metes en internet, ya no estás para nadie.

—¿Decías algo?

ooo

Un niño le dice a su hermana:

—¡Cuidado! ¡No hagas volar tan alto la cometa, que se te va a enganchar con aquella nube!

ooo

Una niña le pregunta a otra:

—¿De verdad que tienes nueve hermanas?

—Sí.

—¿Y tu madre os daba de comer a las diez?

—Bueno, a las diez, a las once, un poco cuando podía...

ooo

Una niña le dice a su amiga:

—Estoy harta, no voy a volver a ir al cine nunca más.

—¿Por qué?

—Porque cada vez que voy al cine se sienta a mi lado un niño que no para de hacer ruido y comer palomitas con la boca abierta.

—¿Y por qué no te cambias de sitio?

—Porque es mi hermano.

ooo

Dos hermanos van en tren y de repente uno exclama:

—¡Cinco!

Y el otro empieza a reírse a carcajadas. Al momento, el primero dice:

—¡Tres!

Y otra vez su hermano empieza a reírse hasta que se le saltan las lágrimas. Intrigado, un señor que está sentado a su lado les pregunta de qué se ríen.

—Es un sistema que hemos inventado mi hermano y yo.

Hemos numerado todos los chistes que nos gustan y, así, en lugar de contarlos cada vez, decimos el número.

—¡Qué divertido! ¿Puedo probar?

—Claro.

—¡Dos!

Pero los hermanos ni siquiera sonríen.

—¿Qué ha pasado? ¿Por qué no os habéis reído?

—Es que los chistes hay que saber contarlos...

LOS ABUELOS

¿Qué haríamos sin ellos?

Una niña le dice a su abuelo:

—Abuelo, el termómetro ha bajado mucho.

—¡No me digas, hijo!

—Sí, como unos 10 metros, se me ha caído por la ventana.

ooo

Un abuelo le dice a su nieto:

—Ay, Luisito, ¿tú qué serás de mayor?

Y el niño le mira muy serio y le contesta:

—Luis.

ooo

El niño que le pregunta a su abuelo:

—Abu, ¿cuántos años tiene tu gato?

—Tres.

—¿Y yo cuántos tengo?

—Cinco.

—Y si yo tengo cinco años y el gato solo tiene tres, ¿por qué él tiene bigote y yo no?

ooo

—Abuela, abuela, ¿te acuerdas de que me dijiste que si lo aprobaba todo me comprabas una bicicleta?

—Claro que sí.

—Pues no te preocupes, que no vas a tener que hacerlo.

ooo

—Abuela, he conseguido trabajo como traductora de inglés.

—Ay, qué bien. ¿Trabajo estable?

—No, abuela, table es «*mesa*», trabajo es «*job*».

ooo

—Mamá, ¿la abuela es fluorescente?

—Pues claro que no, hija, qué cosas tienes.

—Pues entonces se está electrocutando.

ooo

Una abuela le explica a su nieto:

—Cuando yo tenía tu edad no existía la televisión, en casa no había agua corriente, solo teníamos una bombilla y, por supuesto, nada de consolas, ni de móviles, ni de ordenadores...

—Abuela, por favor, no me cuentes más, que me vas a hacer llorar...

ooo

Un abuelo le dice a su nieta:

—Ay, hija, me duele mucho la mano derecha.

—Eso es la edad, abuelo.

—No lo creo. La otra mano tiene exactamente la misma edad y no me duele nada.

ooo

—Mamá, ¿te puedo preguntar una cosa?

—Claro, hijo.

—Si en inglés «*car*» es coche y «*men*» es hombres... ¿La abuela Carmen es un transformer?

ooo

Una abuela le da indicaciones a su nieto:

—Cuando llegues al portal de abajo, verás que a la derecha está el portero automático. Aprietas con el codo el botón del 4.º 1.ª.

»Cuando te abra, entras y vas a la izquierda, que es donde está el ascensor. Le das al botón con el codo para que baje y luego aprietas con el codo el botón del tercero. Mi puerta está saliendo del ascensor a la derecha. Le das con el codo al timbre y yo iré a abrirte.

—De acuerdo, abuela, pero ¿por qué tengo que dar a todos los botones con el codo?

—Hombre, ¡¡no pensarás venir a verme con las manos vacías!!

ooo

Un abuelo le dice a su nieto:

—Hijo, ayúdame a buscar el chicle, que se me ha caído.

—¿Qué más da abuelo? Si ya está en el suelo...

—¡Es que llevaba pegada mi dentadura postiza!

ooo

Un abuelo y su nieta en el zoo:

—¡Hija, apártate de la jaula del león!

—¡Tranquilo, abuelo, que no le voy a hacer nada!

ooo

Una niña le dice a su abuelo:

—¡Abuelo, estás muy gordo!

—Sí, hija, sí, ¡como una tapia!

ooo

—Abuela, soy el delegado de la clase.

—Pues claro, con lo poco que comes...

ooo

—Papá, ¿el abuelo también fue niño?

—Claro, hijo.

—¡Pues no veas qué pinta debía de tener con esa barba y esas gafas tan enormes!

ooo

—¡Abuela, el abuelo se ha caído!

—¿Y lo has ayudado?

—¡No, abuela, te prometo que se ha caído solo!

ooo

Una abuela está regañando a su nieto:

—Y que sepas que yo a tu edad no decía mentiras.

—Ah, ¿no? ¿Y cuándo empezaste?

ooo

—Abuela, ¿tú nadas?

—Pues depende.

—¿Depende?

—Depende de si hay agua...

ooo

Un abuelo le pregunta a su nieta:

—¿Cuántos años crees que tengo?

—No sé, abuelo, yo solo sé contar hasta cien...

ooo

Una abuela le pregunta a su nieto:

—Si te doy estos diez euros para que los repartas con tu hermano, ¿cuántos os tocan a cada uno?

—Siete a mí y tres a él.

—Pero, oye, ¿es que no sabes dividir?

—Yo sí, abuela, pero él no.

ooo

—Hija mía, te lo he explicado un montón de veces. El ratoncito Pérez solo vendrá cuando se te caiga un diente, ¡poner la dentadura del abuelo debajo de la almohada no vale!

ooo

Un niño ve a su abuela haciendo punto de media a toda velocidad y pregunta:

—¿Abuela, por qué tejes tan rápido?

—Es que quiero acabar este jersey antes de que se me acabe la lana...

ooo

Dos abuelos están hablando de sus nietos y uno le dice al otro:

—Mi nieto es tan espabilado que con nueve meses ya sabía andar.

—Uy, el mío con seis meses ya sabía, lo que pasa es que le gustaba que lo llevaran en brazos.

ooo

Un abuelo muy tacaño le dice a su nieto:

—Estoy muy enfadado contigo. Esta mañana te he visto corriendo detrás del autobús.

—Claro, abuelo, corro detrás del autobús para ahorrarme el billete.

—Ya, ¡pero si corrieras detrás de un taxi ahorrarías el triple!

ooo

Una niña está en el jardín jugando cuando su madre la llama por la ventana:

—¡Hija! ¡La abuela está en el teléfono!

—¡Pues dile que se siente en otro sitio, que el teléfono es muy incómodo!

ooo

Un abuelo va a buscar a su nieto al colegio y le lleva la merienda.

—Toma, hijo, es el mismo bocadillo que merendaba yo cuando era pequeño.

—Pues igual está un poco podrido, ¿no, abuelo?

ooo

Una abuela le dice a su nieto:

—Esta noche ha hecho mucho frío, ¿verdad?

—Sí, abuela, a mí me castañeteaban los dientes ¿y a ti?

—A mí no, pero es que los tenía en la mesilla de noche.

ooo

—Abuelo, ¿por qué huele tan mal el huerto?

—Porque les he puesto estiércol a los tomates para que crezcan más.

—Ah, claro, huele tan mal que los tomates crecen más deprisa para huir del olor, ¿no?

ooo

—Abuela, ¿cuántos años tienes tú?

—Yo 66, cariño. ¿Y tú?

—Yo tengo la mitad.

—No, hija, tú no tienes 33 años...

—¡Nooo, tengo 6!

ooo

Una abuela está con su nieta en un restaurante. La comida está tardando en llegar y la niña se aburre, así que empieza a hacer bolitas con las migas de pan y a lanzárselas a un señor que come en la mesa de al lado. Cuando se da cuenta, la abuela exclama:

—¡Ya te enseñaré yo a tirar bolitas de pan!

—Ay, ¡qué bien, abuela! ¡Porque le he tirado más de diez y solo le he dado una vez!

ooo

Una abuela le dice a su nieto:

—Yo a tu edad me sabía todos los países de memoria.

—Claro, porque por aquel entonces solo había dos o tres...

ooo

—Abuela, ¿es verdad que cuando te haces mayor se te caen los dientes y ya no puedes comer cosas duras?

—Sí, hija, es verdad.

—Entonces, ¿tú no tienes dientes?

—Pues no, cielo.

—Entonces, abuela. ¿Me guardas este turrón?

ooo

Una abuela se pone a enseñarle fotos antiguas a su nieta y, cuando llevan un rato la nieta pregunta:

—Abuela, ¿por qué de joven eras en blanco y negro?

ooo

¡A COMEEEER!

No hay nada mejor que comer en familia.

Un niño le dice a su madre:

—Mamá, ¡qué rica está la paella!

Y le contesta su madre:

—Repite, hijo.

—Mamá, ¡qué rica está la paella!

ooo

—Mamá, ¿me das dos euros para un pobre hombre que está gritando en la calle?

—Claro que sí, hijo, ¡qué buen corazón tienes! Pero ¿qué grita ese hombre?

—¡¡Helados a dos euros!!

ooo

—Mamá, ¿puedo hacer magdalenas?

—No sin mi supervisión, hijo.

—¡Bueno, perdona por no tener superpoderes!

ooo

—A ver, niños, portaos bien y comeos todo el bocadillo de chorizo.

Y el pobre Chorizo se quedó sin bocadillo.

ooo

—Mamá, quiero un trozo de pastel.

—Hijo, te has comido ya cuatro trozos, como te tomes otro vas a explotar.

—Bueno, pues dame el trozo de pastel y apártate.

ooo

Una madre le dice a su hijo:

—Corre a la cocina, que las lentejas se están pegando.

—Pues ya ves, por mí como si se matan.

ooo

SAL

Está un padre en el jardín haciendo una barbacoa y le dice a su hijo:

—Anda, ve a la cocina y tráeme la pimienta.

—Lo siento, papá, no puedo.

—¿Cómo no vas a poder?

—No puedo, papá. Es que cada vez que entro en la cocina me encuentro con un frasco donde pone muy grande «SAL».

ooo

—Mamá, ¿qué hay de comer?

—¿Ves la bolsa de patatas fritas?

—¡¡Síiii!!

—Pues apártala, que detrás está la sopa.

ooo

—Hijo, ¿quieres hacer el favor de no alargar el brazo por toda la mesa para llegar hasta las galletas? ¿Es que no tienes lengua?

—Sí, mamá, pero es que con la lengua llego aún peor.

ooo

—Hijo, ¿has visto el queso que compré ayer?

—Sí, papá, lo he tirado.

—¿Cómo que lo has tirado?

—Es que estaba lleno de agujeros.

ooo

—Mamá, mamá, ¿cuándo vamos a comer pan de hoy?

—Mañana, hijo, mañana.

ooo

Se abre el telón y se ve a una madre con su hijo comiendo en la cocina. Ella le dice:

—¡Aitor, te he dicho que te acabes las lentejas!

¿Cómo se llama la película?

Termina Aitor.

ooo

—Mamá, ¿hay gelatina?

—Pues, hija, que yo sepa existe la «l» latina, pero la «G» latina no sé.

ooo

—Papá, ¿a ti te gustan las patatas asadas?

—Me encantan, hija.

—Pues te vas a hartar, porque se está quemando la cocina.

ooo

—Papá, ¿me haces un bocata de jamón?

—¿York?

—Sí, túrk.

ooo

—Hijo, ¿cómo te corto la pizza, en cuatro trozos o en ocho?

—En cuatro, no creo que pueda comerme ocho...

ooo

—Mamá, ¿las aceitunas negras andan?

—No, hijo.

—Pues creo que hay una cucaracha en mi ensalada.

ooo

—¡Papá, hay una mosca en la sopa!

—Y qué quieres que haga yo, ¿que le tire un flotador?

ooo

Un niño está subido a un árbol y pasa por debajo una amiga que le pregunta:

—Oye, ¿qué haces ahí arriba?

—Me como una manzana.

—¡Pero si eso es un limonero!

—La manzana me la ha dado mi madre y yo me la como donde quiero.

ooo

—¡Mamá, el plátano está blando!

—Ah, ¿sí? ¿Y qué dice?

ooo

Un niño le pregunta a otro:

—Oye, ¿y tu padre cómo es en la cocina?

—Pues alto y delgado, como en el resto de las habitaciones.

ooo

Una madre le dice a su hijo:

—Hijo, cómete las zanahorias, que son buenas para la vista.

—¿Y eso tú cómo lo sabes?

—A ver, ¿tú has visto alguna vez un conejo con gafas?

ooo

Está una niña comiendo con su familia y empieza a hablar con la boca llena. Enseguida, su madre le dice:

—Hija, ¿qué te tengo dicho de hablar con la boca llena?

—Pero...

—¡No hay peros que valgan!

—Pero es que...

—Ni es que ni nada. Traga lo que tienes en la boca antes de hablar.

La niña se lo traga y entonces su madre le dice:

—Muy bien, hija, ¿qué ibas a decir?

—Que la ensalada está llena de bichos.

ooo

B

Un niño le explica a un amigo:

—El otro día fuimos a comer al campo, a un merendero al aire libre, y se puso a llover. ¡Tres horas tardé en acabarme la sopa!

ooo

—Mamá, ¿qué hay para cenar?

—Bocadillo de mortadela.

—¿Y dónde está?

—Abre el armario, ¿ves el pan?

—Sí.

—Ahora abre la nevera, ¿ves la mortadela?

—Sí.

—Ahora mira en la encimera, ¿ves el aceite?

—Sí.

—Pues ahora lo juntas todo.

ooo

Un padre le pide a su hijo que vaya a comprar huevos a una granja cercana. El granjero le da los huevos y le dice:

—Toma, chaval, mira, aún están calientes.

—¡Pero oiga, que mi padre lo que quería eran huevos frescos!

ooo

Una madre le dice a otra:

—Mi hijo es imposible, no come nada.

—¿Y tú que haces? ¿Lo castigas?

—Claro, lo mando a la cama sin cenar.

ooo

LAS MASCOTAS

Perros, gatos, loros, peces...
todos forman parte de la familia.

—Oye, por qué va siempre tu perro con un hueso en la boca.

—Porque no tiene bolsillos.

ooo

Un niño le está enseñando su gato a un amigo y de repente el gato dice:

—¡Guau, guau!

Sorprendido, el amigo pregunta:

—Oye, ¿por qué ladra tu gato?

Y el niño contesta orgulloso:

—Porque sabe idiomas.

ooo

Un niño y le dice a otro:

—Mi padre ha adoptado un perro muy listo. Es tan listo que hasta sabe leer.

—No me lo creo.

Van los dos a casa del primero y le enseñan el periódico al perro. Pasa el rato y el perro solo lo mira.

—¡Ya sabía yo que era mentira!

—¡Oye, que yo he dicho que sabía leer, no que supiera hablar!

ooo

Una niña le dice a otra:

—El otro día mi perro se cayó por el balcón y ahora está en el cielo.

—¿De verdad? Pues no veas cómo rebota tu perro, ¿no?

ooo

—El mío sí que era listo —dice la tercera.

—¿Era?

—Sí, el pobre murió electrocutado mientras arreglaba la tele.

ooo

Tres niñas están hablando de sus perros. Una dice:

—Mi perro es muy listo. Si le tiras palos te los trae de vuelta, si lo llamas viene y cuando tiene ganas de hacer caca, te viene a buscar con la correa para que lo saques.

—Pues eso no es nada —dice otra—. El mío te trae lo que le pidas de la cocina, hace acrobacias y sabe sumar.

ooo

Un niño está en un parque jugando al ajedrez con su perro. Pasa un hombre y exclama:

—¡Es increíble! Un perro que sabe jugar al ajedrez.

—Sí, pero no se le da muy bien, solo me ha ganado una partida y yo, en cambio, le he ganado tres.

ooo

—Mamá, ¿por qué el perro es más inteligente que yo?

La maestra le dice a una niña:

—A ver, María, tu redacción sobre «Mi perro» es exactamente igual que la que me ha entregado tu hermana. ¿Se puede saber qué ha pasado?

—Pues que tenemos el mismo perro, seño.

ooo

Una niña le pregunta a su madre:

—Mamá, ¿por qué no hacen comida para gatos con sabor a ratón?

ooo

Una niña le dice a otra:

—Mi perro es tan, tan, tan, tan perezoso, que cuando le digo que vamos a salir a pasear, en lugar de la correa me trae las llaves del coche.

ooo

Un niño le pregunta a otro:

—¿Tú que le das de comer al hámster, pienso o fruta?

—Yo le doy un euro y que se compre lo que quiera.

ooo

—Papá, ¿por qué los peces están siempre callados?

—Porque es muy difícil hablar con la boca llena de agua.

ooo

—Papá, ¿por qué los perros levantan la pata al hacer pis?

—Para que no se les caiga el árbol encima, hijo.

ooo

Un niño le dice a otro:

—¿Has visto mi perro? Es un perro policía.

—Pero ¡qué dices! Si es un perro faldero...

—¡Que no! ¡Que es de la policía secreta!

ooo

Un niño llega a casa con una mofeta y le dice su hermana:

—¿Adónde vas con eso?

—Es mi nueva mascota. La tendré en mi habitación.

—¿Y la peste?

—Bah, ya se acostumbrará.

ooo

—¿Por qué dices eso, hija?

—Pues porque cuando yo le hablo, él me entiende, en cambio, cuando él ladra, yo no entiendo nada.

ooo

Un niño le dice a otro:

—A mi gato le ha pasado de todo: se ha caído por la ventana, le ha atropellado un coche, le mordió un perro...

—¡I lala! ¿Y cómo se llama?

—Suerte.

ooo

Una niña le pregunta a su hermana:

—Oye, ¿por qué los perros tienen pulgas?

Y su hermana le contesta muy seria:

—Porque las pulgas no pueden tener perros.

ooo

En el zoo, un niño le preguntaba a su padre:

—Papá, ¿por qué no me compras un león?

—Porque no sabríamos qué darle de comer, hijo.

—Pero si ahí dice: «Prohibido dar de comer a los leones».

ooo

—Mamá, ¿por qué en la Luna no hay perros?

—Porque no hay árboles.

ooo

SE BUSCA

Una niña le dice a otra:

—Ayer se perdió mi gato y estoy muy triste, no sé qué hacer.

—¿Por qué no haces carteles y los cuelgas por el barrio?

—No es mala idea, pero es que mi gato no sabe leer...

ooo

Dos hermanos están paseando a su perro y uno le dice al otro:

—¿Oye, tú sabes cuántos pasos da un perro en su vida?

—No sé, pero supongo que los mismos que en ba-jada.

ooo

Un niño va a casa de un amigo y ve que tiene un loro en una jaula.

—¡Oh, qué loro tan bonito! ¿De qué raza es?

—Lo ignoro —dice la madre de su amigo.

—¡Oh, pues que *loignorito* más bonito!

ooo

Una niña le dice a otra:

—He adoptado un perro y le he puesto de nombre Quieto, pero creo que se lo voy a cambiar.

—¿Y eso por qué?

—Porque cuando le digo «ven aquí, Quieto», el pobre no sabe qué hacer.

ooo

Una niña está cavando un agujero en su jardín cuando la vecina la ve y pregunta:

—¿Qué haces, vecina?

—Estoy enterrando a mi pececito, que ha muerto.

—Pero ¿no crees que ese agujero es muy grande para un pececito?

—Bueno, es que el pececito está en la barriga de tu gato...

ooo

¡A CELEBRAR!

Cumpleaños, Navidades, cualquier excusa es buena para estar juntos.

—Papá, ¿por qué no le pides a Papá Noel ese móvil que te tiene obsesionado?

—No sé de qué me hablas, Alfonsiete.

ooo

Un niño le pregunta a su padre:

—Papá, ¿qué me vas a regalar por mi cumpleaños?

—Mira, hijo, ¿ves esa bicicleta de allí?

El niño contesta emocionado:

—¡¡Sí!!

—Pues una camiseta del mismo color.

ooo

Mientras preparan una fiesta de cumpleaños, una madre ve a su hija metiendo botellas vacías en la nevera.

—Hija, ¿se puede saber para qué son esas botellas?

—Para los que no quieren nada, mamá.

ooo

—Hija, ¿sabes qué le llevaron los Reyes Magos a Jesús?

—No, mamá.

—Oro, incienso y mirra.

—Claro, porque aún no existían las consolas, ¿no?

ooo

El día de Navidad una niña le pregunta a su padre:

—Papá, ¿hoy que se celebra?

—El nacimiento de Jesús.

—Pero ¿no nació ya el año pasado?

ooo

Una familia va al bosque a buscar su árbol de Navidad cuando ya llevan unas cuantas horas dando vueltas el padre exclama:

—Está bien, pero el próximo abeto que veamos nos lo quedamos, ¡tenga bolas o no!

ooo

—Por mi cumpleaños mis padres me han comprado un reloj chulísimo.

—¿Ah, sí? ¿Qué marca?

—Pues las horas.

ooo

—Mamá, estaba pensando y creo que ya sé que te voy a regalar por tu cumpleaños.

—¿Ah sí, hija? ¿Y qué va a ser?

—Un florero.

—Muchas gracias, cariño, pero ya tengo un florero.

—Ya no, es que lo acabo de romper.

ooo

—Papá, ¿te gusta la corbata que te he regalado por tu cumple?

—Claro que sí, hija.

—¿Y con qué la vas a combinar?

—Pues con una barba muy larga.

ooo

—Hijo mío, ¿cómo es que te has despertado tan contento?

—Porque he tenido un sueño buenísimo.

—¿Y qué has soñado?

—Que por mi cumple vosotros me regalabais una bici y los abuelos una consola.

—Hijo, ten en cuenta que muchas veces pasa lo contrario de lo que se sueña.

—¡Vale, vosotros me compráis la consola y los abuelos la bici!

ooo

—A ver, Juan, ¿cuántos años tienes?

—Siete.

—¿Y cuándo cumples ocho?

—El día de mi cumpleaños.

ooo

LMXJVSD

—Pues en mi casa celebramos el santo de mi abuelo cada semana.

—¿Cómo se llama?

—¡Domingo!

ooo

—Papá, ¿por qué no me compras confeti para mi fiesta de cumpleaños?

—Sí, hombre, para que lo vuelvas a tirar todo por el suelo como el año pasado.

ooo

Llaman a la puerta, abre el niño y la madre pregunta:

—¿Quién es?

—Papá Noel.

—Pues si no es papá, no abras.

ooo

Dos niños están decorando el árbol de Navidad y uno le dice al otro:

—Voy a enchufar las luces, tú dime si funcionan.

—Pues ahora sí, ahora no, ahora sí, ahora no...

ooo

Un niño le pregunta a otro:

—¿Cuál es tu árbol favorito?

—El árbol de Navidad.

—¿Por qué?

—Porque da regalos.

ooo

¡VIVA LAS VACACIONES!

En la playa, en la montaña, en casa...
las vacaciones siempre son mejores
en familia.

Dos niñas hablan de las vacaciones.

—Oye, ¿y tú cuántas veces has ido a París?

—¿Yo? Pues... no sé, tres o cuatro por lo menos. ¿Y tú?

—Pues yo... Una o ninguna.

ooo

Una familia va de vacaciones a Londres y decide ir al teatro. La madre va a la taquilla:

—Buenos días, ¿me da cinco entradas, por favor?

—¿Para *Los Miserables*?

—¡Oiga, un poco de respeto, que no seremos ricos, pero miserables tampoco, ¿eh?!

ooo

MIEDO

Una familia va al parque de atracciones y, al entrar en la casa del terror, la hija pequeña se queda rezagada. Entonces, aparece el conde Drácula y le dice a la niña:

—¿Te doy miedo?

Y ella contesta:

—No, gracias, señor..., ya tengo bastante.

ooo

Una familia va en coche de vacaciones y, de repente, pincha una rueda. Se baja la madre a ver qué pasa y le dice a su hijo:

—Juan, ven a ayudarme a cambiar la rueda.

Al cabo de un rato, se oye al padre que se ha quedado en el coche con el hermano pequeño:

—Juan, ven a ayudarme a cambiar a tu hermano.

—¿Qué pasa, papá, también se ha pinchado?

ooo

09

De visita a una granja, una niña le pregunta a su padre:

—Papá, ¿por qué ponemos sillas encima de los caballos?

—Porque si las pusiéramos debajo nos caeríamos.

ooo

Una familia está de acampada y, por la noche, se oye desde la tienda de los niños:

—¡Mamá, nos están picando los mosquitos!

—¡Pues apagad la luz para que no vayan!

Al momento aparecen dos luciérnagas.

—¡Mamá, los mosquitos han vuelto con linternas!

ooo

Una niña va con sus padres por el bosque y de repente exclama:

—¡Jo, qué ilusión que me hayáis traído a la fábrica de árboles!

ooo

Están una madre y su hijo en la playa cuando, a su lado, aparece un señor que empieza a hacerse ver marcando bíceps y paseándose de un lado a otro poniendo caras. Al rato, el niño empieza a imitarlo y entonces el hombre se dirige a la madre:

—Oiga, señora, ¿por qué no le dice a su hijo que deje de imitarme?

—Hijo, deja de hacer el idiota.

ooo

Primer día de clase después de verano y dice la maestra:

—A ver, tú, Juan, cuéntanos que es lo más gracioso que te ha pasado estas vacaciones.

—Pues este verano mi padre decidió que iba a hacer dieta para adelgazar. La primera semana perdió un centímetro de cintura, la segunda semana perdió 3 centímetros de cintura y la tercera semana perdió el bañador al tirarse a la piscina.

ooo

En la piscina del cámping:

—¡¿Hijo, quieres hacer el favor de dejar de hacer pis en la piscina?!

—¡Jo, mamá, pero si todos lo hacen!

—Puede ser, hijo, ¡pero no desde el trampolín!

ooo

Una familia va de vacaciones en coche y de repente ven una señal que dice «Reduzca a 60 km». Bajan de velocidad y al cabcampo de un rato ven otro cartel que dice «Reduzca a 40 km». Se miran todos un poco extrañados, pero bajan de velocidad. Al cabo de un rato ven otro cartel que dice «Reduzca a 20 km». Con el coche casi parado van avanzando a paso de tortuga cuando, al cabo de una hora ven un cartel que dice: «Bienvenidos a Reduzca».

ooo

Una familia llega a un hotel de vacaciones, sube a su habitación y, al rato, el padre llama por teléfono a recepción:

—Buenos días, somos la familia que acaba de llegar y le llamo porque resulta que nos han dado una habitación sin salida.

—Eso es imposible, señor, compruébelo otra vez.

—A ver, aquí solo hay tres puertas: una da al lavabo, otra es un armario y la tercera no me atrevo a abrirla porque tiene un cartel que dice: «No molestar».

ooo

Caminando por la montaña un padre dice a su hijo:

—A ver qué tal te orientas. Si delante de ti está el oeste, a la derecha tienes el norte y a la izquierda el sur, ¿qué tienes en la espalda?

—La mochila, papá.

ooo

Un hombre va a una agencia de viajes y pregunta a la dependienta:

—Buenos días, estoy pensando en ir de

vacaciones con la familia a París, ¿me puede decir cuánto se tarda desde aquí en avión?

—Un momento.

—Caramba, que rápido.

ooo

Paseando por un museo, un niño ve una armadura y le pregunta a su madre:

—Oye, mamá, ¿tú cómo crees que metían esto en la lavadora?

ooo

Paseando por el museo una niña le pregunta a su madre:

—Mamá, ¿de quién es ese cuadro?

—Pues del museo, hija, ¿de quién va a ser?

ooo

Después de unos días de vacaciones en Alemania, un niño le dice a su madre:

—Mamá, no sabes lo contento que estoy de no haber nacido en Alemania.

—¿No te está gustando Alemania, hijo?

—Sí, sí que me está gustando, pero no entiendo ni una palabra de alemán.

ooo

Una familia se va de vacaciones a la nieve y van a hacer un cursillo de esquí. Antes de empezar la clase, el instructor les da unos consejos:

—Para aprender a esquiar es importante saber hacer tres cosas: la primera, mantenerse de pie con los esquís puestos; la segunda, frenar; y la tercera, reposo cuando tengamos que estar un mes con la pierna escayolada.

ooo

Una familia está haciendo turismo por París y están un poco desorientados. Después de un rato dando vueltas deciden preguntar a un transeúnte:

—Disculpe, ¿sabe usted dónde está la torre Eiffel?

—Sí —contesta, y se va caminando como si nada.

ooo

Llega una familia al aeropuerto y cuando van a facturar las maletas le dice la madre a la azafata:

—Buenos días, tenemos billetes para ir a Roma, pero me gustaría que la maleta grande vaya a Moscú, las dos pequeñas a París y la bolsa negra se quede aquí en el aeropuerto.

—Disculpe, señora, pero eso no es posible.

—¿Cómo que no? Es exactamente lo que hicieron la última vez.

ooo

Una familia está de vacaciones en Nueva York y deciden subir al Empire State a pie por las escaleras. Cuando llegan al piso 30 el padre pregunta:

—¿Estáis cansados?

—No, papá.

Cuando llegan al piso 50, vuelve a preguntar:

—¿Vais bien?

—Sí, papá.

Cuando llegan al piso 100, pregunta otra vez.

—¿Estáis cansados?

—La verdad es que sí, papá, no podemos más.

—¡Pues nada, media vuelta y al hotel!

ooo

Una familia está de vacaciones en un pueblo y pregunta a un transeúnte:

—Perdone, ¿vamos bien para ir a la plaza de la fuente?

—Sí, para ir a la plaza de la fuente no hay que ir especialmente arreglado.

ooo

Una familia va en coche por una carretera secundaria y se pierde. Después de un rato dando vueltas se encuentran con un campesino y deciden preguntar:

—Disculpe, ¿podría decirnos dónde estamos?

—Por supuesto que sí, dentro del coche.

ooo

Viajando en tren con su familia una madre pregunta al revisor:

—Disculpe, ¿cuánto falta para llegar a destino?

—Uy, se ha equivocado usted de tren, señora. Este tren no va a Destino, ¡va a Zaragoza!

ooo

Una familia se está preparando para salir de excursión y, de repente, el hijo le dice a la madre.

—Mamá, lo siento, pero no puedo ir con vosotros de excursión.

—¿Y eso por qué, hijo?

—Porque tengo un problema de visión.

—¿Qué es lo que te pasa?

—Pues que no me veo caminando por la montaña, mamá.

ooo

Una familia se va de acampada y, en mitad de la noche, la madre despierta al padre y le dice:

—Cariño, dime qué ves.

—Pues veo la luna llena, algunas constelaciones y las hojas de los árboles más altos...

—Cariño, por Dios, que nos han robado la tienda de campaña.

ooo

Un padre y un hijo van por la montaña y, en un momento dado, el niño pregunta:

—Papá, ¿cómo se llama aquella montaña?

—¿Cuál?

—¿Y aquella otra?

ooo

De vacaciones por Japón un niño le pregunta a su padre:

—Papá, ¿y aquí cómo llaman al timbre?

—Pues con el dedo, como todo el mundo.

ooo

Están dos madres en el borde de la piscina viendo jugar a sus hijas. De repente, una le dice a la otra.

—Estoy muy sorprendida, desde que empezaron las vacaciones, mi hija no ha dejado de sonreír ni un solo día.

Y la otra responde:

—¿Has probado a aflojarle las trenzas?

ooo

Una familia va de vacaciones en coche y se encuentran con un policía que les pide que se paren.

La madre, que iba conduciendo, baja la ventanilla y el policía le pregunta:

—¿Es que no ha visto que el semáforo estaba en rojo?

Y responde el hijo desde el asiento trasero.

—¡Sí que lo ha visto, al que no ha visto es a usted!

ooo

Una familia en la playa.

—Papá, ¿sabías que tu reloj es sumergible?

—Sí, claro, ¿por qué lo dices?

—Porque yo no lo sabía, pero lo he tirado al mar y se ha hundido.

ooo

Estando de vacaciones dos niños van por el paseo marítimo del pueblo cuando ven un puesto de helados. Uno le dice al otro:

—Oye, ¿tú tienes tres euros?

—Aquí no.

—¿Y en casa?

—En casa todos bien, gracias por preguntar.

ooo

Una familia va de vacaciones en tren cuando llega el revisor y les pide el billete.

—¿Cómo van en primera clase si su billete es de tercera?

—Pues muy cómodos, la verdad. Gracias.

ooo

Dos hermanos van en tren con sus padres camino de las vacaciones, y uno le dice al otro:

—¿Oye, has visto qué rápidos van los árboles?

—Sí, a la vuelta podemos subirnos en uno, que seguro que llegamos antes.

ooo

Una madre va caminando con su hija por la montaña y, de repente, resbala y se cae por un precipicio. La niña, asustada, se asoma y pregunta:

—¡¿Mamá, te has hecho daño?!

Y la madre contesta:

—¡¡Todavía no!!

ooo

Al volver de vacaciones la profesora le pregunta a una alumna:

—A ver, Julia, ¿qué has hecho este verano.

Y Julia contesta:

—Pues he ido a la playa, profe, pero no vale la pena hacer una redacción sobre eso. No es muy interesante.

ooo

Una madre y su hijo están en un barco navegando por la costa y el niño no deja de hablar. Cuando lleva un buen rato, la madre lo mira y le dice:

—Hijo mío, eres como el mar.

—¿Lo dices porque te gusto mucho?

—No, hijo, lo digo porque me mareas.

ooo

Una niña se pasa todo el verano aprendiendo a ir en bici y, cuando acaban las vacaciones, su madre le pregunta.

—Bueno, y ahora que ya sabes ir en bici, ¿qué ha sido lo más duro?

—El suelo, mamá.

ooo